Wilhelm Weick

Deutsche Fibel

Für amerikanische Schulen

Wilhelm Weick

Deutsche Fibel
Für amerikanische Schulen

ISBN/EAN: 9783744606646

Hergestellt in Europa, USA, Kanada, Australien, Japan

Cover: Foto ©Paul-Georg Meister /pixelio.de

Weitere Bücher finden Sie auf **www.hansebooks.com**

ECLECTIC GERMAN PRIMER.

Deutsche Fibel

Nach der analytisch-synthetischen Schreiblesemethode.

Für amerikanische Schulen.

von

W. H. Weick und C. Grebner.

New York ∴ Cincinnati ∴ Chicago
American Book Company.

Vorwort.

Die vorliegende Fibel ist nach der analytisch-synthetischen Schreiblesemethode bearbeitet.

Durch entsprechende Vorübungen sollen Auge und Hand, Gehör und Sprechwerkzeuge so geschult werden, daß man nach dem Verlauf von einigen Wochen, wenn der Schüler die Fibel in die Hand bekommt, mit dem eigentlichen Schreibleseunterricht beginnen kann.

Um die Kinder auf das Schreiben vorzubereiten, können die auf der dritten Seite gegebenen Uebungen benützt werden, bis eine gewisse Fertigkeit im Erkennen und Nachbilden derselben erlangt ist.

Gleichzeitig sollen durch eine zweckmäßige Behandlung der auf Seite 4 und 5 gedruckten Normalwörter die Schüler diese aussprechen und den ersten Laut eines jeden derselben mit dem Ohr und Auge auffassen lernen, wobei man in folgender Weise verfahren kann:

Nachdem die Klasse in den Sprechübungen gelernt hat, Sätze in Wörter, und diese in Silben zu zerlegen, erzählt der Lehrer eine Geschichte von Ida. Dann läßt er die Kinder den Laut „i" durch das Gehör auffassen und nachsprechen. Hierauf schreibt er ein „i" an die Wandtafel und sagt, daß dieses Zeichen für den Laut „i" stehe. Die Silbe „da" deutet er durch einen wagrechten Strich an, so daß das Zeichen „i—" für das Kind das Wort Ida bedeutet. Da die Hand des Schülers mittlerweile hinreichend geübt wurde, kann er das „i" auf seiner Tafel nachschreiben. Es handelt sich bei diesen Uebungen nur um die Einprägung des Lautes „i", weßhalb die zweite Silbe des Wortes Ida nicht weiter in Betracht kommt. In ähnlicher Weise sind die übrigen Wörter zu behandeln, worauf die eigentlichen Schreib- und Leseübungen der ersten Stufe beginnen.

Der Lehrer mag, nach der Schreiblesemethode verfahrend, zuerst alle geschriebenen Normalwörter durchnehmen, und dann mit Benutzung der gedruckten Wörter auf den gegenüberstehenden Seiten die Kinder zur Druckschrift überleiten. Bei Auswahl der Normalwörter wurde darauf geachtet, daß bei jedem folgenden Wort immer nur ein neuer Laut hinzutritt. Durch diese Anordnung, sowie die beigegebenen interlinearischen Uebersetzungen, dürfte dem Schüler das Lesenlernen wesentlich erleichtert werden.

Schreibübungen.

(3)

Vorübungen.

Sprechübungen.

Zum richtigen Hören und Sprechen der Selbstlaute (Vokale).

Ida.

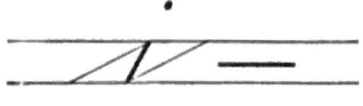

Uhren.

Esel.

Deutsche Fibel.

Eichel.

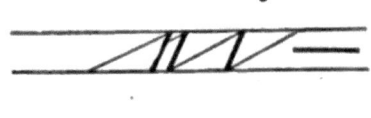

Eule.

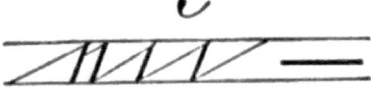

Ofen.

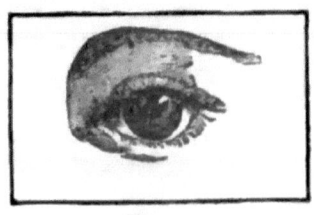
Aale.

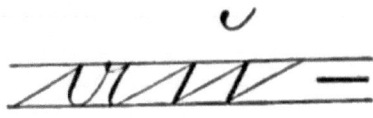
Auge.

Erster Teil.

Erste Stufe.

Ji — ui

i, u, iu, v, ui, uiu, ui, uiu

Lui — l L

Lui, Lul, ui, uil, uiu, luiu.

Erster Teil.

Erste Stufe.

Ei — ei!
Egg — Oh!

i, e, u, o, a, au, ei, eu.

Leu — l L
Lion — l L

Leu, Eul, ei, eil, au, lau.
lion owl, oh, hasten, oh, warm.

Lru b L

Lru, bru! ri, bri, ril!
lrü, ſril, Lrü, ſi.

Yru Y Y

Yru, Lrü, rrü, lrü, ſi,
bri, ril, ſril, Lrü, Yrü.

Jru J J

ju, jn, ji, jo, jü, jri; Jrü,
Yrü, brü, bri, ril, Lrü,
Lrü, ſi, ſril.

Deutsche Fibel.

Bau — b B
Building — b B

Bau, bau! ei, bei, eil!
building, build! oh, by, hasten!

lau, Eul, Leu, Ei.
warm, owl, lion, egg.

Tau — t T
Rope — t T

Tau, Bau, au, lau, Ei, bei,
rope, building, oh, warm, egg, by,

eil, Eul, Leu, Tau.
hasten, owl, lion, dew.

Heu — h H
Hay — h H

ha, he, hi, ho, hu, hei, Heu,
ha, hey, hi, ho, hu, huzza, hay,

Tau, bau, bei, eil, Bau, Leu,
rope, build, by, hasten, building, lion,

Ei, Eul.
egg, owl.

Jib J J

Ji, Jib, riŭ, riŭb, jo, jri, Laŭ,
Lriŭ, Triŭ, Jaŭ, jriŭ, lriŭ,
ail, Jŭl, bri, jr!

Jŭt — J J

Jŭt, Jrŭb, Jaŭt, laŭt, Tril,
Tril, Lril, Laib, Lrŭb —
lob! jrb! jrb! lrib, lob, laŭt,
triŭb; ab triŭt; ab lob laŭt;
jol riŭb! tril jrŭt riŭb!

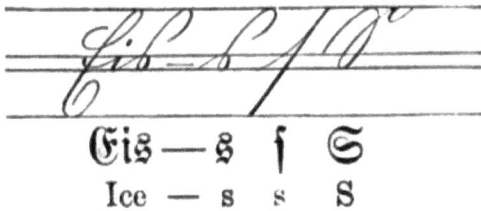

Eis — s ſ S
Ice — s s S

Ei,	Eis,	au,	aus,	ſo,	ſei,	Leu,
egg,	ice,	oh,	out,	so,	be,	lion,
Bau,	Tau,	Heu,	hau!	lau,	eil,	
building,	rope,	hay,	strike!	warm,	hasten,	
Eul,	bei,	ha!				
owl,	by,	ha!				

Hut — h H
Hat — h H

Hut,	Haus,	Haut,	laut,	Seil,	Teil,
hat,	house,	hide,	loud,	cord,	part,
Beil,	Leib,	Laub.			
hatchet,	body,	leaf.			

lob!	hab!	heb!	leis,	los,	laut,
praise!	have!	lift!	soft,	loose,	loud,

taub ; es taut ; es las laut ; hol aus !
deaf; it thaws; it read loud; haul out!

teil heut aus!
give out to-day!

Eclectic Series.

Naſt u N

Lain, Not, Naſt, Ton, Lain,
nau, naum, nun, nain, ain,
fain; iſt; — ab brait ain
Naſt; fain Naſt iſt nau.

Maub m M

Maub, Mub, Mut, mit,
main, Draum, Traum, Laim,
faim. — Hol main Hut num
faim! Main Hut iſt nau.
Ein Ei iſt im Naſt. Laub
iſt am Baum.

Deutsche Fibel.

Neſt — n N
Nest — n N

Lein, Not, Neſt, Ton, Bein, neu,
flax, need, nest, sound, leg, new,

neun, nun, nein, ein, ſein; iſt;
nine, now, no, a, its; is;

es baut ein Neſt; ſein Neſt iſt neu.
it builds a nest; its nest is new.

Maus — m M
Mouse — m M

Maus, Mus, Mut, mit, mein,
mouse, pap, courage, with, my,

Baum, Saum, Leim, heim.
tree, seam, glue, home.

Hol mein Heu nun heim! Mein Hut iſt
Fetch my hay (now) home! My hat is

neu. Ein Ei iſt im Neſt. Laub iſt
new. An egg is in the nest. Leaves are (is)

am Baum.
on the tree.

Hain H H

Hain, Harb, Haub, Hil, Hail,
Mast, Most, muß; ab heißt;
laßt laut!

Lom L L

Lom, Lain, Laum, laid, Lad,
baid, Lü, Lab.

Lad ab! Tait main. Lab
Lad ist laü.

Stein — ſt St
Stone — st St

Stein, Stab, Staub, Stil, ſteil,
stone, staff, dust, style, steep,

Maſt, Moſt, meiſt; es ſauſt; leſt laut!
mast, must, most; it roars; read loud!

Dom — d D
Church — d D

Dom, dein, Daum, leid, Bad,
church, thy, thumb, sorry, bath,

beid, du, das.
both, thou, the.

Lad ab! Seit neun. Das Bad iſt lau.
Unload! Since nine. The bath is warm.

Rad — r R

Rad, Rom, Raib, Ramm, rot,
rein, rar, nur, dir, mir, der.
Rot mir! Rad mir laut!
Reit ein! Raib ein! Der
Herr hat ein Nest.

Wein — w W

Der Wein, ein Weib, der Wal,
wob, wer, weil, wir, wem,
wenn, wo, weit, war.
Was ist ein Dom? Wo ist
das Nest? Der Wein ist rot.

Deutsche Fibel.

Rad — r R

Rad — r R
Wheel — r R

Rad, **Rom,** **Reis,** **Raum,** **rot,**
wheel, Rome, rice, room, red,

rein, **rar,** **nur,** **dir,** **mir,** **der.**
clean, rare, only, thee, me, the.

Rat mir! **Red nur laut!** **Reit aus!**
Advise me! Speak (only) loud! Ride out!

Reib ein! **Der Star hat ein Nest.**
Rub in! The starling has a nest.

Wein — w W

Wein — w W
Wine — w W

Der Wein, **ein Weib,** **der Wal,** **was,**
The wine, a wife, the whale, what,

war, **weil,** **wir,** **wen,** **wem,** **wo,**
was, because, we, whom, to whom, where,

weit, **wer.**
far, who.

Was ist ein Dom? **Wo ist das Nest?**
What is a church? Where is the nest?

Der Wein ist rot.
The wine is red.

G. P.—2.

Fauſt — f F

Fauſt, der Reif, der Huf, der
Ruf, der Hof, der Lauf; fein,
faul, feurig, ſteif. — Ruf laut!
Lauf nur! Das Neſt iſt auf
dem Baum; im Neſt iſt ein
Ei. Lauf nur hin, es iſt da.

Gaul — g G

Der Gaul, das Gras, der Zug,
der Flug, der Weg, gut, gib,
gab, faig.

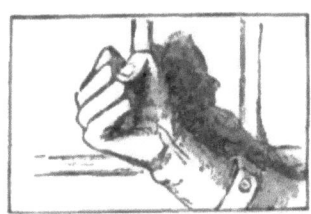
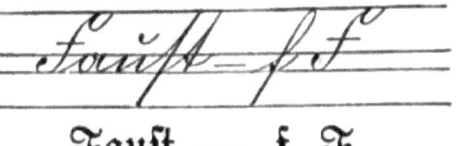

Faust — f F
Fist — f F

Faust, der Reif, der Huf, der Ruf, der
fist, the hoop, the hoof, the cry, the

Hof, der Lauf; fein, feil, faul, steif.
yard, the run; fine, for sale, lazy, stiff.

Ruf laut! Lauf nur! Das Nest ist auf
Call loud! Run (only)! The nest is on

dem Baum; im Nest ist ein Ei. Lauf
the tree; in the nest is an egg. Run

nur hin, es ist da.
(only), it is there.

Gaul — g G
Nag — g G

Der Gaul, das Gas, der Teig, der
The nag, the gas, the dough, the

Steg, der Weg, gut, gib, gab, feig.
bridge, the way, good, give, gave, cowardly.

Halt mir an! Gib mir das Reif! Der Weg war steil. Wo hat der Gaul das Huf? Dein Huf ist rein.

Buch ich

Das Buch, der Rauch, das Tuch, der Tisch, das Dach, der Bach, auch, noch, ich, mich, hoch.—Such mich! Hab das Reif hoch! Mach das Buch auf! Das Eis ist auf dem Teich. Das Eis ist rein.

Steig nun aus! Gib mir den Reif!
Get (now) out! Give me the hoop!

Der Weg war steil. Wo hat der Gaul
The road was steep. Where has the horse

den Huf? Sein Huf ist rein.
the hoof? Its hoof is clean.

Buch — ch

Buch — ch
Book — ch

Das Buch, der Rauch, das Tuch,
The book, the smoke, the cloth,

der Teich, das Dach, der Bach, das Loch,
the pond, the roof, the brook, the hole,

auch, euch, ich, mich, sich, hoch.
also, you, I, me, him, high.

Such mich! Heb den Reif hoch! Mach
Look for me! Lift the hoop high! (Make)

das Buch auf! Das Eis ist auf dem Teich.
the[2] book[3] open[1]! The ice is on the pond.

Das Eis ist rein.
The ice is clean.

Schach sch Sch

Das Schach, der Schein, der Tisch, der Fisch, der Busch; das Beil, der Bau, das Haus, der Hut, das Rad. Mein Buch ist neu; es ist noch rein. Schau, ein Fisch ist in dem Bach! Der Baum ist hoch. Rein ist auch Mein. Hol dem Gaul das Heu her; auch dem Schaf gib Heu! Dein Hut ist auf dem Tisch. Wo ist der Fisch?

Deutsche Fibel.

Schaf — sch Sch
Sheep — sh Sh

Das Schaf, der Schein, der Schaum,
The sheep, the shine, the foam,

der Fisch, der Tisch, der Busch, das
the fish, the table, the shrub, the

Seil, der Bau, das Haus, der Hut,
line (rope), the building, the house, the hat,

das Rad.
the wheel.

Mein Buch ist neu; es ist noch rein.
My book is new; it is still clean.

Schau, ein Fisch ist in dem Bach! Der Bau
Look, a fish is in the brook! The building

ist hoch, Stein ist auf Stein. Hol dem
is high, stone is on stone. Fetch for[3] the[4]

Gaul das Heu her; auch dem Schaf gib
horse[5] the[1] hay;[2] also[6] to[9] the sheep give[7]

Heu. Dein Hut ist auf dem Tisch. Wo
hay![8] Your hat is on the table. Where

ist der Fisch?
is the fish?

Keil — K k

Der Keil, der Rauch, der Kot, der
Koch, kein, kam; der Weg, der
Tag.

Rauch ein! Wer kam heim?
Kein Buch hat auf dem Tisch!

Ziegen — z Z — ie

Die Ziege, der Zorn, der Zaum,
das Zeug, die Zeit, die Zeile, der
Zeiger, zu, zur, wozu, zeige.

Wir zeigen ein. Er zog weg.
Zeige mir dein Buch! Sei zur
Zeit in der Schule!

Deutsche Fibel.

Keil — k K
Wedge — k K

Der Keil, der Kauf, der Kot, der
The wedge, the bargain, the mud, the

Koch, kein, kam; der Weg, der Steg.
cook, no, came; the way, the bridge.

Kauf ein! Wer kam heim? Kein Buch
Buy! Who came home? [Let] No book

sei auf dem Tisch!
be on the table!

Ziege — z Z — ie
Goat — z Z — ie

Die Ziege, der Zaun, der Zaum, das
The goat, the fence, the bridle, the

Zeug, die Zeit, die Zeile, der Zeiger,
stuff, the time, the line, the pointer,

zu, zur, wozu, zeige, tanzen.
to, to the, to what, show, dance.

Wir heizen ein. Er zog weg. Zeige
We heat. He moved away. Show

mir dein Buch! Sei zur Zeit in der Schule!
me your book! Be in time at school!

[cursive German handwriting exercise]

𝔇ie, nie, ſie, wie, lief, fiel, ſchief,
The, never, she, how, ran, fell, slanting,

ſchien, ſchieb, lieb, rief, dies, hier.
shone, push, love, called, this, here.

Sie — ſei, rieb — reib, feil — fiel,
She — be, rubbed — rub, for sale — fell,

reif — rief, lies — leis, ſchein — ſchien.
ripe — called, read — soft, shine — shone.

Wiederholung.
REVIEW.

Nun, nur, neun, man, mal, mein, nein,
Now, only, nine, one, time, my, no,

mir, dir, weil, was, das, leis, weit, taub,
me, to you, because, what, the, soft, wide, deaf,

aus, mit, laut, sei, fein, rein, bis, bei, kein,
out, with, loud, be, fine, clean, till, by, no,

kaum, gut, gar, weg, hin, her, hat, heim,
hardly, good, done, away, there, here, has, home,

ich, dich, sich, such, auch, euch, zum, zur,
I, you, himself, seek, also, you, to the, to the,

heut, faul.
to-day, lazy.

Die Ro se, die Eu le, die Do se, die
The rose, the owl, the box, the

Tau be, die Stu be, die Sche re, die
dove, the room, the scissors, the

Wie se, die La de, die Gei ge, der Na me,
meadow, the chest, the fiddle, the name,

der Ra be, die Na se, die Lei ne, der
the raven, the nose, the cord, the

Bu be, die Sei te, die Sei de, die Sei fe,
boy, the side, the silk, the soap,

die Beu le,   die Leu te,   die Keu le,   die
the   boil,   the   people,   the   club,   the

Zei le,   der Rie se,   die Fei le,   die Wa ge,
line,   the   giant,   the   file,   the   scale,

die Bie ne,   die Schu le,   der Ha se,   die
the   bee,   the   school,   the   hare,   the

Wie ge,   die Ga be.
cradle,   the   gift.

Der Ho bel,   die Ga bel,   die Na del,
The   plane,   the   fork,   the   needle,

der Na gel,   der Ei mer,   das Le der,   der
the   nail,   the   bucket,   the   leather,   the

Wa gen,   der Be sen,   das Wie sel,   der
wagon,   the   broom,   the   weasel,   the

Ha ken.
hook.

Die Gar be,   die Tan te,   die Tor te,
The   sheaf,   the   aunt,   the   tart,

die Kir sche,   die Lan ze,   die Her de,   die
the   cherry,   the   lance,   the   herd,   the

Nar be,   die Bir ne,   die Bin de,   der
scar,   the   pear,   the   tie,   the

Zir kel,   die Gur ke.
circle,   the cucumber.

Deutsche Fibel.

Was ich thue:
What I do:

Ich le se, ma le, bau e, hau e, lei me, fei le,
I read, paint, build, hew, glue, file,

lau fe, wei ne, la de, ba de, gei ge, ru fe,
run, weep, load, bathe, fiddle, call,

rei te, zei ge, re de, schie be, ha sche, su che,
ride, point, speak, push, catch, seek,

fin de, bin de, kau fe, wa sche.
find, bind, buy, wash.

Ich bin in der Schu le. Mein Buch ist
I am in the school. My book is

auf dem Tisch. Mei ne Tan te gab mir das
on the table. My aunt gave me the

Buch. Ich le se ger ne in dem Buch und
book. I read (like to read) in the book and

hal te es rein. Zei ge mir dein neu es Buch!
keep it clean. Show me your new book!

Wo ist die Zie ge? Die Zie ge lief weg.
Where is the goat? The goat ran away.

Sie ist auf der Wie se; ha sche sie!
She is in the meadow; catch her!

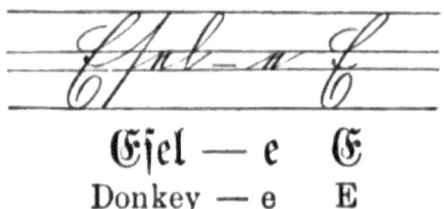

Esel — e E
Donkey — e E

Der Esel, die
The donkey, the
Ente, die Erde,
duck, the earth,
die Elster, die
the magpie, the
Elbe, Emma,
Elbe, Emma,
Emil.
Emil.

Das Ei, das
The egg, the
Eis, die Eiche,
ice, the oak,
die Eule.
the owl.

Die Eule ist scheu. Der Esel ist faul.
The owl is shy. The donkey is lazy.

Das Ei ist weich. Emil ist in der Schule.
The egg is soft. Emil is in (the) school.

———

Ofen — o O
Stove — o O

Der Ofen, der
The stove, the
Oheim, die Oder,
uncle, the Oder,

die Or gel,
the organ,

Ol ga, Os kar.
Olga, Oscar.

Der O fen ist
The stove is

in der Stu be.
in the room.

Der Dom hat
The church has

ei ne Or gel. Ol ga war ar tig. Wir ko chen
an organ. Olga was good. We cook

auf dem O fen.
on the stove.

Der Ad ler, der
The eagle, the

Ad ler — a A
Eagle — a A

Aſt, A dam, A bel,
branch, Adam, Abel,

An ton, die Ar beit, die Am ſel.
Anthony, the work, the blackbird.

Das Au ge, die Au ſter, Au guſt.
The eye, the oyster, August.

Der Aſt iſt an dem Baum. Auf dem
The branch is on the tree. On the

Baum hat der
tree has[3] the[1]

Adler ein Neſt.
eagle[2] a[4] nest.[5]

Auch die Amſel
Also the blackbird

baut ein Neſt.
builds a nest.

Anton, rufe doch Auguſt; es iſt Zeit zur
Anthony, call August; it is time for

Schule. Emil, wo iſt mein Buch? Dein
school. Emil, where is my book? Your

Buch iſt auf dem Tiſch.
book is on the table.

Ida, der Igel,
Ida, the hedgehog,

Ida — i J
Ida — i I

der Iltis, die Inſel.
the polecat, the island.

Der Iltis ist ein
The polecat is an

Tier. In dem
animal. In the

Tei che ist ei ne
pond is an

In sel. I da hat
island. Ida has

ei ne neu e Ta fel.
a new slate.

Die Tan te gab I da auch ein neu es Buch.
(The) aunt gave Ida also a new book.

Lies nun in dei nem Buch!
Read now in your book!

Der Ju ni, der Ju li,
June, July,

j J
j J

Ja kob, Jul chen.
Jacob, Juliet.

Der Ju ni ist ein Mo nat; der Ju li auch.
June is a month; July also.

Ja kob, wo ist Jul chen? Sie ist in der Schu le.
Jacob, where is Juliet? She is in (the) school.

Ulme — u U
Elm — u U

Die Ul me, der
The elm, the

U hu, das U fer,
horn-owl, the bank,

die Un ze, Ul rich.
the ounce, Ulric.

Der U hu ist ei ne
The horn-owl is an

Eu le. Die Ul me
owl. The elm

ist ein Baum.
is a tree.

Wo ist das U fer?
Where is the bank?

Der E sel wei det auf der Wie se. Ne ben
The donkey grazes in the meadow. By the side of

der Wie se ist ein tie fer Teich. Die En te ist
the meadow is a deep pond. The duck is

auf dem Teich. Auf dem Fel de rei fen
on the pond. On the field (there) ripen

Ha fer und Wei zen. Hat der U hu ein
oats and wheat. Has the horn-owl a

Nest auf der Ul me?
nest in the elm?

Deutsche Fibel.

Vogel v V

Vogel — v V
Bird — v V

Der Vogel,
The bird,

der Vater, das
the father, the

Veilchen, der Vetter, die Vase.
violet, the cousin, the vase.

Der Rabe ist
The raven is

ein Vogel. Die
a bird. The

Veilchen duften
violets smell

lieblich. Der
sweet. The

Vogel baut ein
bird builds a

Nest. Von was baut er das Nest?
nest. Of what does he build the nest?

Vor dem Fenster ist ein Laden. Von
In front of the window is a shutter. From

wem hast du dein Buch? Ich habe es von
whom have you got your book? I have got it from

meinem lieben Vater.
my dear father.

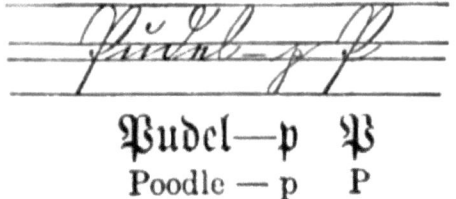

Pudel—p P
Poodle — p P

Der Pu del, der
The poodle, the

Pa pa, die Poſt,
papa,   the post,

das Pech, Paul,
the pitch,   Paul,

das Pa pier,
the   paper,

die Per le,
the   pearl,

das Pul ver,
the   powder,

der Pu ter,
the   turkey,

die Rau pe, die Sup pe, die Pup pe, Pe ter.
the caterpillar, the soup,   the   doll,   Peter.

Ru fe den Pa pa! Rei het die Per len
Call   papa! String the   pearls

an! Der Sol dat hat Pul ver in ſei ner
on! The soldier has powder in his

Ta ſche. Der Pu ter iſt auf dem Ho fe.
pouch, The turkey is in the   yard.

Wel che Leu te ha ben Pech? Waſchet den
Which people have   pitch? Wash the

Pin ſel aus! Die Rau pe ſcha det dem Baum.
brush out! The caterpillar injures the tree.

Deutsche Fibel. 37

Rübe — ü Ü

Rübe — ü Ü
Turnip, — ue Ue

Die Rübe, das
The turnip, the

Übel, der Küfer,
evil, the cooper,

der Hut, die Hüte, das Tuch, die Tücher,
the hat, the hats, the cloth, the cloths,

der Busch, die Büsche, üben,
the bush, the bushes, practice,

die Küche,
the kitchen,

der Lügner,
the liar,

lügen.
lie.

Der Schüler hat viele Bücher. Wir
The pupil has many books. We

sollen nie lügen. Die Würmer leben in
should never lie. The worms live in

der Erde. Stelle die Rüben in die Küche!
the earth. Put the turnips in the kitchen!

Bist du müde?
Are you tired?

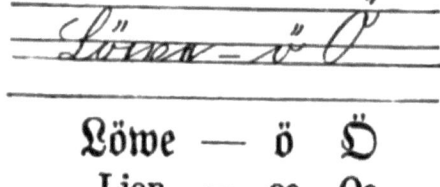

Löwe — ö Ö
Lion — oe Oe

Der Löwe, die
The lion, the
Löwen, der
lions, the
Vogel, die Vögel,
bird, the birds,
der Ofen, die
the stove, the
Öfen, das Öl,
stoves, the oil,
das Röschen,
the little rose,
böse.
bad.

Das Öl kaufen wir im Laden. Das
The³ oil⁴ buy² we¹ in the store. The
Röschen hat Dornen. Die Geige können
little rose has thorns. The⁴ fiddle⁵ can³
wir hören. Sei nie böse! Die Vögel
we¹ hear.² Be² never¹ bad! The birds
bauen Nester; sie legen Eier hinein.
build nests; they lay eggs in them.
Die Ziegen haben Hörner. Wo leben
The goats have horns. Where (do)¹ live⁴
die Löwen?
the² lions?³

Deutsche Fibel.

Säge — ä Ä
Saw — ae Ae

Die Sä ge,
The saw,

die Sä gen,
the saws,

der Bär, die Bä ren, der Va ter, die Vä ter,
the bear, the bears, the father, the fathers,

der Ast, die Äs te, der Gast, die Gäs te,
the branch, the branches, the guest, the guests.

der Gar ten, die Gär ten, der Sä bel.
the garden, the gardens, the saber.

Der Sol dat
The soldier
hat ei nen Sä bel.
has a saber.
Die Bä ren le ben
The bears live
im Wal de;
in the woods;
sie lie ben den
they like

Ho nig. Ein Baum hat vie le Äs te. Wel che
honey. A tree has many branches. Which

Fi sche le ben in den Bä chen? In der
fish live in (the) brooks? In (the)

Schu le dür fen wir nie lär men.
school must² we¹ never be noisy.

ai	Ai	=	ei	Ei
ai	Ai	=	ei	Ei

die Sai te,   die Wai se.
the string,   the orphan.

Der Hai, der
The shark,

Mai, der Mais,
May, the corn,

Der Hai ist ein Fisch. Wir hö ren die
The shark is a fish. We hear the

Sai te tö nen. Die Wai se hat we der
string sound. The orphan has neither

Va ter noch Mut ter. Der Mai ist ein
father nor mother. May is a

Mo nat.
month.

äu	Au	=	eu	Eu
aeu	Aeu	=	eu	Eu

Die Säu le,
The pillar,

das Mäus chen,
the little mouse,

die Mäu se, das Haus, die Häu ser, der
the mice, the house, the houses, the

Gaul, die Gäu le, die Faust, die Fäus te,
nag, the nags, the fist, the fists,

der Zaun,   die Zäu ne,   der Baum,   die
the fence, the fences, the tree,   the

Bäu me,   die Haut,   die Häu te,   das
trees,   the hide,   the hides,   the

Äug lein.
little eye.

Aus Häu ten ger ben die Ger ber Le der.
From hides tan² the tanners¹ leather.

Die Säu le ist von Stein o der von Ei sen.
The pillar is of stone or of iron.

Mein Va ter hat vie le Bäu me in sei nem
My father has many trees in his

Gar ten.   Es läu tet zur Schu le.
garden.   It rings for school.
           (The bell)

Ring — ing   Der Ring, das
                    The ring, the

Ring — ng   Ding, der Gang,
Ring, — ng   thing, the walk,

der Ge sang,   der Fin ger,   die Stan ge,
the   song,   the finger,   the   pole,

die Wan ge,   die Lun ge,   die Zan ge.
the cheek,   the lung,   the tongs.

Ich bin jung. Der Finger ist lang.
I am young. The finger is long.

Die Sänger singen einen Gesang. An
The singers sing a song. On

welchem Finger hast du einen Ring?
which finger have you a ring?

Bank — nk
Bench — nk

Die Bank, der Zank,
The bench, the quarrel,

der Dank, der Fink,
the thanks, the finch,

die Ranke, die Bänke, der Schinken,
the vine, the benches, the ham,

der Winkel, das Geschenk.
the angle, the present.

Das Denkmal ist von Stein. Wir danken
The monument is of stone. We give thanks

für jede Gabe. Die Gurken haben Ranken.
for every gift. The cucumbers have vines.

Die Finken singen auf den Bäumen. Lege
The finches sing in the trees. Put

den Schinken auf die Bank in der Küche.
the ham on the bench in the kitchen.

Zweite Stufe.

Dehnung und Schärfung.

Der Aal, der Saal, das Haar, das Paar.—Das Beet, die Beere, die Seele, der See, das Meer.—Das Boot, das Moos.
The eel, the hall, the hair, the pair. The bed, the berry, the soul, the lake, the sea. The boat, the moss.

Der Fischer ging nach dem See; er stieg in ein Boot; nun fing er mit der Angel ein paar Aale; diese legte er in feuchtes Moos und nahm sie nach Hause.—Das Haar ist weich.—Wie viele machen ein Paar? Im Saale sind viele Menschen.—

The fisher went to the lake; he got into a boat; now caught[2] he[1] with[5] his[6] hook[7] some[3] eels;[4] these put[2] he[1] in moist moss and took them home. The hair is soft. How many make a pair? In the hall are many persons.

Wir ha ben neun Bee te mit Bee ren in
We   have   nine   beds with berries in

un se rem Gar ten.—Im Mee re le ben vie le
our   garden.   In the sea   live   many

Fi sche.—Wir ha ben ei ne See le.
fishes.   We   have   a   soul.

Der Hahn, die Häh ne, der Zahn, die
The cock, the cocks, the tooth, the

Zäh ne, die Mäh ne, die Fah ne, die
teeth, the mane,   the flag,   the

Fah nen; der Leh rer, leh ren, der Lehm,
flags;   the teacher, to teach, the clay,

weh; ihm, ihr; das Ohr, die Oh ren,
woe; him, her; the ear, the ears,

der Sohn, die Söh ne, die Soh le, die
the son, the sons,   the sole, the

Soh len; die Kuh, die Kü he, das Huhn,
soles; the cow, the cows, the chicken,

die Hüh ner.
the chickens.

Der Hahn ruft die Hüh ner; sie fol gen
The cock calls the chickens; they follow

Deutsche Fibel.

ihm auf den Hof.—Die Fah nen we hen im
him to the yard. The flags float in the

Win de.—Der hoh le Zahn thut weh.—Die
wind. The hollow tooth aches. The

Leh rer leh ren; die Schü ler ler nen.—Der
teachers teach; the pupils learn. The

Zie gel ist aus Lehm.—Wir ha ben Oh ren
tile is of clay. We have ears

zum Hö ren und Au gen zum Se hen.—Gu te
to hear (with) and eyes to see (with). Good

Söh ne eh ren ih ren Va ter.—Füh re die
sons honor their father. Lead the

Kuh auf die Weide!—Der Lö we hat ei ne
cow to the pasture! The lion has a

Mäh ne.—Die Bä ren woh nen in Höh len.
mane. The bears live in caves.

—An dem Schuh ist ei ne Soh le.
On the shoe (there) is a sole.

Der Dieb, die Wie se, die Mie ne,
The thief, the meadow, the face,

das Vieh, sieh.
the cattle. see.

Hü te dich vor dem Dieb!—Ma che kei ne
Beware   of the   thief!   Make   no

bö se Mie ne.—Das Was ser rie selt ü ber
angry face.   The   water ripples over

die Wie se. — Sieh! das Vieh ist auf der
the meadow.   See!   the cattle are in the

Wei de.—Wel che Tie re zie hen den Wa gen?
pasture. Which animals pull the wagon?

Das Thal, der Tha ler, die Thür, das
The valley, the dollar, the door, the

Thor, Ber tha, Mar tha.
gate, Bertha, Martha.

Im Thal ist es kühl.—Der Tha ler ist
In the valley is[2] it[1] cool. The dollar is

von Sil ber. Mar tha geht mit Ber tha
of silver. Martha goes with[3] Bertha[4]

zur Schu le; sie wartet vor dem Thor.
to[1] school;[2] she waits in front of the gate.

Der Mann, die Kan ne, das Zinn, die
The man, the can, the tin, the

Son ne, ren nen ; das Lamm, der Kamm,
sun,　　to run ;　the　lamb,　　the　comb,

der Som mer, der Kar ren, ſchar ren.
the　summer,　the　cart,　　scratch.

Siehſt du den Mann ren nen ?—Der Zug
Do¹ see³ you² the　man　run ?　The train

geht ab.—Wir käm men un ſe re Haa re mit
starts.　　We　comb　　our　　hair　with

dem Kamm.—Die Kan ne iſt von Zinn.—
the　comb.　The　can　is　of　tin.

Die Son ne geht am Him mel auf und un ter.
The　sun　rises¹ in⁴ the⁵ sky⁶　　and² sets³.

—Die Hüh ner ſchar ren im San de.—
The　chickens　scratch　in the　sand.

Wie vie le Rä der hat ein Kar ren?—Das
How　many　wheels　has　a　cart ?　The

Jun ge vom Schaf heißt Lamm.—Im
young one　of the　sheep is called a lamb.　In

Som mer ſind die Ta ge lang.
summer　are³　the¹ days² long.⁴

Der Ball, der Zoll, der Stall, die
The　ball,　the　inch,　the　stable,　the

Wol le, der Kel ler, die Fal le; der
wool, the cellar, the trap; the
Af fe, fül len, öff nen; das Roß, die
monkey, to fill, to open; the horse, the
Ros se, das Faß, die Fäs ser, die Nuß,
horses, the barrel, the barrels, the nut,
die Nüs se, das Mes ser, das Was ser,
the nuts, the knife, the water,
der Kes sel.
the kettle.

Der Ball fiel in das Was ser.—Wie viel
The ball fell in the water. How many
Zoll ma chen ei nen Fuß?—Die Maus ging
inches make a foot? The mouse went
in die Fal le.—Die Af fen lie ben Nüs se.—
into the trap. The monkeys are fond of nuts.
Die Ros se ste hen im Stall.—Fül le den
The horses stand in the stable. Fill the
Kes sel mit Was ser.—Öff ne die Nuß mit
kettle with water. Open the nut with
dem Mes ser.—Im Kel ler lie gen vie le
the knife. In the cellar lie many
Fäs ser.—Die Wol le vom Lamm ist weich.
barrels. The wool of the lamb is soft.

Die Sup pe, die Pup pe, der Schup pen;
The   soup,   the   doll,   the   shed;

die Mut ter, die Ket te, die Rat te, die
the mother,   the chain,   the   rat,   the

Mat te, die Hüt te, das Fett, bit ten.
mat,   the   hut,   the   fat,   to pray.

Wir es sen die Sup pe mit dem Löf fel.—
We   eat   the   soup   with the   spoon.

Bit te, lie be Mut ter, kau fe mir ei ne neue
Pray,   dear   mother,   buy   me   a   new

Pup pe!—Stel le den Kar ren in den
doll!   Put   the   cart   in   the

Schup pen.—Lot te hat ei ne fei ne Ket te.—
shed.   Lotta   has   a   fine   chain.

Die Rat te saß auf der al ten Mat te vor
The rat   sat on   the   old   mat in front of

der Hüt te und aß das Fett.
the   hut   and ate   the   fat.

Die Kat ze, die Tat ze, die Müt ze.
The   cat,   the   paw,   the   cap,

G. P.—4.

der Sitz, putzen; der Bock, der Stock,
the seat, to clean; the buck, the stick,

das Stück.
the piece.

Die Katzen putzen sich gerne. Was
The cats like to clean themselves. What

haben sie an ihren Tatzen?—Meine
do have[2] they[1] on their paws? My

Mütze liegt auf meinem Sitz.—Nimm den
cap lies on my seat. Take the

Stock und jage den Bock aus dem Garten.
stick and chase the buck out of the garden.

—Wie viel Stück geben ein Dutzend?
How many pieces make a dozen?

Dritte Stufe.

Mehrere Konsonanten als An= und Auslaut.

Das Pult, das Holz, das Zelt, das
The desk, the wood, the tent, the

Geld, das Bild, der Kalk, das Kalb, das
money, the picture, the lime, the calf, the

Gold, halb, welk.
gold, half, withered.

Das Pult ist von Holz.—Das Zelt ist von
The desk is of wood. The tent is of

Tuch.—Die ses Bild kos tet viel Geld.—Der
cloth. This picture costs much money. The

Ma ler malt das Bild.—Hier ist Holz,
painter paints the picture. Here is (are) wood,

Stein, und Kalk.—Das Jun ge von der Kuh
stone, and lime. The young one of the cow

heißt Kalb.—Aus Sil ber und Gold macht
is called a calf. Of silver and gold make[2]

man Geld.—Der Dot ter im Ei ist gelb.—
we[1] money. The yolk in the egg is yellow.

Die ro te Ro se ist halb welk.
The red rose is half withered.

Der Mond, das Kind, der Hund, die
The moon, the child, the dog, the

Gans, der Mensch, der Wunsch, blind.
goose, the man, the wish, blind.

Der Mond scheint am Himmel.—Der
The moon shines in the sky. The

Bettler ist alt und blind. Sein Hund führt
beggar is old and blind. His dog leads

ihn.—Das Kind weint.—Mancher Mensch
him. The child weeps. Many a man

hat viele Wünsche.—Ich habe eine rechte
has many wishes. I have a right

und eine linke Hand.—Die Gans ist ein
and a left hand. The goose is a

Vogel; sie gibt uns Eier und Federn.
bird; she gives us eggs and feathers.

Das Korn, der Stern, Karl, der Park,
The corn, the star, Charles, the park,

das Wort, der Kern, das Garn, der
the word, the kernel, the yarn, the

Korb, der Arm, der Wurm, das Dorf,
basket, the arm, the worm, the village,

hart, fern, gern, durch, merkt.
hard, far, willingly, through, minds.

Das rei fe Korn ist gelb und hart.—Der
The ripe corn is yellow and hard. The

Stern leuch tet von fern.—Karl geht gern
star shines from afar. Charles goes willingly

in die Schu le, und merkt auf je des Wort.—
to school, and minds every word.

Warst du ge stern im Park?—Die Nuß ist
Were you yesterday[4] in[1] the[2] park?[3] The nut is

hart; a ber es ist ein sü ßer Kern da rin.—
hard; but there is a sweet kernel in it.

Aus Wol le spinnt man Garn.—Ma ria hat
Of wool spins[2] one[1] yarn. Mary has

ei nen Korb am Arm.—Der Wurm lebt in
a basket on her arm. The worm lives in

der Er de.—Das Dorf ist klei ner als die
the ground. The village is smaller than the

Stadt.
city.

Das Hemd, der Topf, der Dampf, die
The shirt, the pot, the steam, the

Magd, das Licht, die Nacht, der Stift,
servant girl, the light, the night, the pencil.

das Heft, der Kopf.
the book, the head.

Das Hemd wird ge näht.—Aus was macht
The shirt is sewed. Of what does[1] make[4]

der Töp fer den Topf?— Vom hei ßen
the[2] potter[3] the[5] pot?[6] From hot

Was ser steigt Dampf auf.—Die Magd kocht
water rises steam. The servant girl boils

die Milch in dem Topf.—Das Licht leuch tet
the milk in the pot. The light shines

bei Nacht.—Wir zeich nen mit dem Stift in
at night. We draw with the pencil in

das Heft.—Was hat der Hahn auf dem Kopf?
the book. What has the cock on his head?

Das Fleisch, der Fluß, die Brük ke,
The meat, the river, the bridge,

der Flü gel, die Blu me, die Blü te, der
the wing, the flower, the blossom, the

Preis, der Platz, die Plat te, das Brot, der
prize, the place, the plate, the bread, the

Frosch, das Blut, das Blei, das Brett, frisch.
frog, the blood, the lead, the board, fresh.

Das Fleisch ist frisch.—Die Brük ke führt
The meat is fresh. The bridge leads

ü ber den Fluß.—Die Vö gel ha ben Flü gel;
over the river. The birds have wings;

sie kön nen flie gen.—Das Veil chen ist ei ne
they can fly. The violet is a

Blu me; es hat ei ne blau e Blü te.—Franz
flower; it has a blue blossom. Frank

war flei ßig; er be kam ei nen Preis und den
was diligent; he got a prize and the

er sten Platz.—Le ge das Brot auf die
first place. Put the bread on the

Plat te und stel le es auf den Tisch.—Der
plate and set it on the table. The

Frosch lebt in dem Teich; er hat kal tes
frog lives in the pond; it has cold

Blut.—Die Ku gel ist von Blei.—Der
blood. The bullet is of lead. The

Schrei ner ho belt das Brett.
joiner planes the board.

Der Pfau, das Pferd, der Pflug, der
The peacock, the horse, the plow, the

Pfirsich, die Pflaume, der Drache, das
peach, the plum, the kite, the

Gras, die Traube, die Kreide, der Kreis.
grass, the grape, the chalk, the circle.

Der Pfau ist ein schöner Vogel; er hat
The peacock is a beautiful bird; he has

blaue Federn. — Das Pferd zieht den
blue feathers. The horse pulls the

Wagen und den Pflug.—Der Landmann
wagon and the plow. The farmer

pflügt den Acker; er pflanzt das Korn.—
plows the field; he plants the corn.

In der Pfirsich ist ein Stein.—Was ist in
In the peach is a stone. What is in

der Pflaume?—Der Drache steigt hoch in
the plum? The kite rises high in

die Luft.—Die Kuh frißt Gras, Heu, und
the air. The cow eats grass, hay, and

Klee; sie gibt uns Milch und Fleisch.—Aus
clover; she gives us milk and meat. Out of

der Trau be preßt man Wein.—Zeich ne mit
the   grape   presses² one¹ wine.   Draw   with³

der Krei de ei nen Kreis.
the chalk   a¹   circle.²

Das Stroh,   der Strauch,   das Spiel,
The straw,   the shrub,   the play,

das Schloß, der Schlos ser, der Schlüs sel,
the lock,   the lock-smith,   the   key,

der Schrank, der Schmied, der Spatz, die
the closet,   the smith,   the sparrow, the

Schwal be, der Schwan,   zwei,   zwan zig.
  swallow,   the swan,   two,   twenty.

In der Scheu ne ist Heu, Stroh, und
In the   barn   is hay, straw,   and

Korn.—Die Bee ren wach sen am Strauch.—
corn.   The   berries   grow   on the shrub.

Das Spiel ist aus.—Der Schlos ser macht
The play   is out.   The   lock-smith   makes

das Schloß und den Schlüs sel.—Hän ge das
the lock   and   the   key.   Hang   the

Kleid in den Schrank!—Der Schmied
dress in the   closet!   The   smith

schmie det das Ei sen.—Die Spat zen und
hammers   the   iron.   The   sparrows   and
die Schwal ben bau en ih re Nes ter an die
the   swallows   build   their   nests   on   the
Häu ser.—Der Schwan schwimmt auf dem
houses.   The   swan   swims   on   the
Teich.—Zwei mal zehn ist zwan zig.
pond.   Two   times   ten   is   twenty.

Gu te Sprü che, wei se Leh ren
Good   sayings (and) wise   lessons
Muß man ü ben, nicht bloß hö ren.
must[2] one[1] practice,[3] not only hear.[4]

Deutsche Fibel.

Seltener vorkommende Laute.

X klingt wie ks.

x   X = chs
x   X = chs

Xaver, Xerxes, Max,
Xavier, Xerxes, Max,

die Axt, das Examen, fix.
the ax, the examination, fixed.

Das Wachs, der Dachs, der Fuchs, der
The wax, the badger, the fox, the
Flachs, die Achsel, der Ochse, die Wichse,
flax, the shoulder, the ox, the blacking,
die Büchse, wachsen.
the box, to grow.

Max und Felix sind kleine Knaben; sie
Max and Felix are little boys; they
gehen beide in die Schule. Die Bienen
go[2] both[1] to school. The bees
sammeln Wachs und Honig. Der Dachs
gather wax and honey. The badger
und der Fuchs wohnen in Höhlen im
and the fox live in dens in the

Wal de. Wie viel ist sechs und sechs? Das
woods. How many are six and six? The

Obst wächst auf Bäu men.
fruit grows on trees.

Qu klingt wie kw.
Qu sounds like kw.

q Q
q Q

Die Qual, die Qua ste,
The torment, the tassel,

die Quel le, die Quit te, quer, quä len,
the spring, the quince, -across, torment,

be quem.
comfortable.

Die Qua ste ist von Sei de. Man hängt
The tassel is of silk. One hangs

die Qua ste an den Vor hang. Der
the tassel to the curtain. The

Wan de rer er quickt sich an der fri schen
traveler refreshes himself at the fresh

Quel le. Quä le nie ein Tier zum Scherz.
spring. Torment[2] never[1] an animal for fun.

Die Quit te wächst am Baum.
The quince grows on a tree.

Ordnung.

Frisch ge than und nicht ge säumt!
Lively² work¹ and³ not⁵ tarry!⁴

Was im Weg ist, weg ge räumt!
What² in⁴ the⁵ way⁶ is³ remove!¹

Was dir feh let, such ge schwind!
What you miss, look for quickly!

Ord nung ler ne früh, mein Kind!
Order² learn¹ early, my child!

Rätsel.

Sag, was muß sich flei ßig drehn,
Tell, what must itself² often³ turn,¹

Soll der Wa gen vor wärts gehn?
Should the wagon forward² go¹?

Wenn's Som mer ist, da bin ich kalt,
When it summer² is¹ then am² I¹ cold,

Im Win ter werd ich heiß als bald.
In the winter get² I¹ hot immediately.

Wie heißt der Vö gel klei nes Haus?
What is called⁵ the¹ birds'² little³ house?⁴

Sie brü ten drin die Ei er aus.
They hatch in³ it⁴ their¹ eggs.²

Ich ken ne ein Bäum chen gar fein und zart,
I know a little tree very fine and tender,

Das trägt euch Früch te sel te ner Art;
That bears for you fruits of rare kind;

Es fun kelt und leuch tet mit hel lem Schein
It sparkles and shines with a bright light

Tief in des Win ters Nacht hin ein.
Deep into the winter's night.

Das se hen die Kin der und freu en sich sehr,
That⁴ see³ the¹ children² and are very glad,

Und pflük ken vom Bäum chen und pflük ken
And pluck of the tree and pluck

es leer.
it empty.

Zweiter Teil.

Lesestücke.

1. Der gute Schüler.

1. Im Win ter, wenn es frie ret,
   Im Win ter, wenn es schneit,
   Dann ist der Weg zur Schu le,
   Für wahr noch mal so weit.

2. Und wenn der Kuk kuck ru fet,
   Dann ist der Früh ling da,
   Dann ist der Weg zur Schu le
   Für wahr noch mal so nah.

3. Wer a ber ger ne ler net,
   Dem ist kein Weg zu fern;
   Im Früh ling wie im Win ter,
   Geht er zur Schu le gern.

Schüler, pupil.
es frieret, it freezes.
es schneit, it snows.
fürwahr, indeed.
nochmal, twice.
    gerne lernet, likes to learn.

Kuckuck, cuckoo.
rufet, calls, cries.
Frühling, spring.
nah, short.
aber, but.

---

2. Im Garten.

Fritz und Ber tha sind im Gar ten. Die Luft ist klar. Die Son ne scheint warm.

Die Kin der ru hen auf der Bank. Fritz hat ei nen Kä fer in der Hand. Ber tha ruft: „Flieg, flieg!" Und sum, sum! fliegt der Kä fer fort.

warm, warm.
ruhen, rest.
    fort, away.

Käfer, beetle.
flieg, fly.

3. Das Blatt im Wind.

1. Ein Blatt im Wind,
 Rasch, lie bes Kind!
 Nun ist es da,
 Bald fern, bald nah.

2. Jetzt fliegt es fort
 Von Ort zu Ort.
 Schnell lauf' ihm nach
 Bis an den Bach!

3. Doch eh' das Kind
   Sich flink geregt,
   Hat es der Wind
   Davon gefegt.

Blatt, leaf.
rasch, quick.
bald, soon.
schnell, quickly.

eh' = ehe, before.
flink, quickly.
geregt, moved.
davon gefegt, swept away.

---

4. Bienchen.

Kleine Biene, wer sagt es dir, daß die Blumen blühen hier? Wer hat drin den Tisch gedeckt, daß es dir so lieblich schmeckt? Weißt du, wer so an dich gedacht? Gott ist's, der alles hat gemacht.

Bienchen, little bee.
sagt, tells.
drin, in them.
gedeckt, spread.

Weißt du? Do you know?
gedacht, thought.
Gott, God.
gemacht, made.

5. Im Winter.

Es ist Win ter. Der Schnee fällt in dich ten Flok ken. Bald brei tet sich ei ne wei ße Dek ke ü ber Stadt und Land. Die Kna ben ge hen hin aus, rol len den Schnee zu sam men, und ma chen ei nen gro ßen Schnee mann. Sie set zen ihm ei nen al ten Hut auf und stek ken ihm ei ne al te Pfei fe in den Mund. Der Schnee mann macht den Kna ben viel Spaß.

Schnee, snow.
dichten, dense.
Flocken, flakes.
breitet, spread.
Decke, cover.

Stadt, city.
Land, country.
rollen, roll.
machen, make.
Pfeife, pipe.

Spaß, fun.

---

6. Was die Tiere thun.

Der Ha se springt, die Tau be fliegt.
Das Pferd trabt schnell, die Rau pe kriecht.
Es jagt der Hund, Eich hörn chen hüpft.
Die En te schwimmt, Zaun kö nig schlüpft.
Das Mäus chen rennt, die Katz' rennt mit.
Die Kuh geht lang sam Schritt für Schritt.
Der Bock springt ü ber Stock und Stein.
Die Schnek ke schleicht jahr aus, jahr ein;
Ich möch te nicht so lang sam sein.

springt, leaps.
fliegt, flies.
trabt schnell, trots swiftly.
kriecht, creeps.
jagt, chases.
Eichhörnchen, squirrel.
hüpft, jumps.
Zaunkönig, wren.
schlüpft, slips.
rennt, runs.
Schritt für Schritt, step by step.
langsam, slowly.
Schnecke, snail.
schleicht, crawls.

über Stock und Stein, over hedge and ditch.
jahraus, jahrein, all the year round.
Ich möchte nicht sein, I would not be.

7. Aufs Land.

Hur ra, wir fah ren auf das Land! In der Schu le wa ren wir flei ßig und dür fen nun spie len.

Paul lenkt die Pferde und Bruno hat einen Korb am Arm. Hinter Emma sitzen Ernst und Moritz. Den kleinen Emil kann man kaum sehen. Heinrich schwenkt die Fahne.

Lauft, ihr Pferdchen, lauft! wir sind so gern auf dem Feld.

fahren, ride.	lenkt, drives.
dürfen, may.	schwenkt, waves.
spielen, play.	lauft, runs.

auf das Land, into the country.

---

8. Der Vogel am Nest.

"Wit, wit—wit, wit!" ruft es von dem Aste. Es ist die Mutter der Vöglein im Neste. Sie hat einen Wurm im Schnabel, den sie im Walde fand. Die kleinen Vögel sperren die Schnäbel auf und bitten: "Gib, gib, gib!"

"Wit, wit!" ruft die Mutter und gibt den Kleinen Futter.

Vöglein, little birds.	fand, found.
Schnabel, bill.	sperren auf, open.

Futter, food.

9. Stimmen der Tiere.

Der Lö we brüllt, der Och se brummt,
Das Schäf chen blökt, der Kä fer summt.
Es heult der Wolf, die Ler che singt,
Der Ra be krächzt, es schlägt der Fink.
Das Gäns chen schnat tert gak, gak, gak,
Der Frosch schreit Tag und Nacht quak, quak.

Es klap pert auf dem Dach der Storch.
Das ist ein Lär men, horch nur, horch!

Stimmen, voices.
brüllt, roars.
brummt, lows.
Schäfchen, lambkin.
blöft, bleats.
summt, hums.
heult, howls.
Wolf, wolf.

Lerche, lark.
krächzt, croaks.
schlägt, sings.
Gänschen, gosling.
schnattert, cackles.
klappert, rattles.
Storch, stork.
horch, hark.

---

10. Die Nußschale.

Die klei ne El se ging in den Gar ten. Hier fand sie un ter dem gro ßen Nuß bau me ei ne Nuß. Die se war a ber noch in ei ner grü nen Scha le. El se biß so gleich hin ein; aber die Scha le schmeck te sehr bit ter. Sie warf des halb die Nuß weg.

Ihr Bru der Kon rad hat te es ge se hen. Er hob die Nuß auf, hol te ei nen Stein und schlug die Nuß auf. Was zeigte sich jetzt? In der Scha le lag ein schö ner, wei ßer Kern, der schmeck te sehr süß.

Nußschale, nut-shell.
ging, went.
großen, big.
biß, bit.
schmeckte, tasted.
warf weg, threw away.
hatte es gesehen, had seen it.

hob auf, picked up.
holte, fetched.
schlug auf, cracked.
zeigte sich, showed itself.
schöner, beautiful.
Kern, kernel.
süß, sweet.

11. Die Bootfahrt.

Siehst du das weiße Boot dort auf dem Teich? Es sind zwei Kinder darin. Der Knabe rudert und schwingt den Hut, und das Mädchen steuert. Es ist Karl und Minna. Sie kamen aus der Stadt

Deutsche Fibel.

und bleiben bei ihrem Onkel Anton, bis die Schule wieder anfängt. Die Fahrt auf dem klaren, ruhigen Wasser macht den Kindern viel Vergnügen. Der Onkel steht am Ufer und sieht ihnen nach.

Bootfahrt, boat-ride.
rudert, rows.
schwingt, waves.
steuert, steers.
Stadt, city.

bleiben, stay.
anfängt, begins.
klaren, clear.
ruhigen, quiet.
Vergnügen, pleasure.

12. Der kleine Gernegroß.

1. War einst ein kleiner Gerne groß,
   Fünf Jahr alt und ein halbes bloß.
   „Ei"—spricht er—„ich bin nicht mehr klein;
   Ich kann gar wohl ein Herr schon sein."

2. Er nimmt des Vaters Stock und Hut
Und läuft hinaus mit stolzem Mut,
Und merkt es nicht, der kleine Tropf,
Daß halb im Hute steckt der Kopf.

3. Und alle Leute bleiben steh'n
Und lachend auf das Herrchen seh'n:
„Ei Hut, was hast denn du im Sinn,
Wo willst du mit dem Jungen hin?"

Gernegroß, Would-be-great.   stolzen, proud.
Jahre, years.   Tropf, fellow.
fünf, five.   steckt, sticks.
ein halbes, a half.   bleiben stehen, stand still.
nimmt, takes.   lachend, laughing.
läuft hinaus, walks out.   Jungen, boy.
     im Sinn haben? what are you about?

---

13. Der Drache.

Mein Bruder Karl hatte einen großen Drachen gemacht. Er war aus Holz und Papier. Am untern Ende befand sich ein langer Schwanz, und am obern eine lange, dünne Schnur.

Nachmittags gingen wir hinaus auf das Feld hinter unserm Haus. Es war ein schöner Tag; die Sonne schien prächtig und es wehte ein guter Wind. Wir ließen den Drachen steigen. Er stieg so hoch als die Schnur reichte. Wir konnten ihn kaum noch sehen.

So standen wir lange im Schatten neben dem

Zaun. Auch unser Hund Karo kam unter dem Karren hervor. Wir waren sehr vergnügt bis der Abend dem Spiel ein Ende machte.

  Schwanz, tail.   ließen steigen, let fly.
  Schnur, string.   reichte, reached.
  prächtig, bright.   vergnügt, glad.
    Nachmittags, in the afternoon.
    konnten kaum sehen, could hardly see.

---

14. Katze und Maus.

Eine Maus! eine Maus! Mis, Mis, Mis! Katze, wo bist du! Rasch, lauf zu, Mis!

Nun ist es schon zu spät. Dort ist das Loch, gleich ist sie drin. Aber du, Katze, kommst nicht hin ein. Das Loch ist zu klein.—Horch, was ist das: pip, pip, pip, pip! Da sind jun ge Mäus chen

drin, hö re nur! Die freu en sich, daß die Mut ter wie der da ist. Es ist gut, daß du, mein Kätz chen, die Maus nicht ge fan gen hast. Sonst hät ten die Klei nen kein Müt ter chen mehr.

    rasch, quick.   gefangen, caught.
    lauf zu, run.   sonst, otherwise.
    zu spät, too late.   hätten, would have.
    gleich, in a moment.   Kleinen, young ones.

15. Die zwei Ziegen.

Zwei Zie gen be geg ne ten sich auf ei nem schma len Ste ge. Kei ne wollte aus wei chen. Sie ge rie ten des halb in Streit. Nun gin gen sie ei ni ge Schrit te zu rück und rann ten mit den Hör nern ge gen einan der. Bei de stürz ten hin unter in den rei ßen den

Bach. Nur mit großer Mühe retteten sie ihr
Leben.

begegneten sich, met.
ausweichen, make room.
gerieten, got into.
Streit, quarrel.
retteten, saved.

gingen zurück, went back.
stürzten, fell.
reißenden, swift.
Mühe, pains.

16. Der Knabe am Bach.

Siehst du den Knaben dort am Bache sitzen?
Es ist Robert, der mit seiner armen Mutter in
dem kleinen Häuschen wohnt. Sie hatten für den
Abend nichts zu essen. Da sagte Robert: „Mutter,

Deutsche Fibel.   79

ich will zum Bache gehen, und einige Fische
fangen."

Hier sitzt er nun ganz stille. Zwei Fische hat
er schon gefangen und den dritten macht er eben
vom Haken los. Wie wird sich die Mutter freuen,
wenn er mit den Fischen nach Hause kommt!

siehst du, do you see.   den dritten, the third one.
Häuschen, little house.   eben, just now.
fangen, catch.   los machen, to loosen.
ganz, quite.   sich freuen, be glad.
          nach Hause kommt, comes home.

17. Das Fischlein.

1. Fischlein, Fischlein, du armer Wicht!
   Schnappe doch ja nach der Angel nicht;

Geht dir schnell zum Halse hin ein,
Reißt dich blutig und macht dir Pein.
Siehst du nicht sitzen den Knaben dort?
Fischlein, schwimm geschwinde fort!

2. Fischlein mocht' es wohl besser wissen,
Sah nur nach dem fetten Bissen,
Meinte der Knabe mit seiner Schnur
Wäre hier zum Spasse nur.
Da schwamm es herbei, da schnappt es zu.
Nun zappelst du, armes Fischlein, du.

armer Wicht, poor fellow.
schnappe nicht nach, don't snap at.
Halse, throat.
reißt, tears.
blutig, bloody.
Pein, pain.
fetten, fat.
Bissen, bit (bait).
meinte, thought.
Schnur, line.
zum Spasse, for fun.
zappelst, struggle.
mocht' es wohl besser wissen, thought to know it better.

---

18. Was ich habe.

Die Schnecke hat ein Haus, ihr Fellchen hat die Maus, der Sperling hat die Federn sein, der Schmetterling schöne Flügelein. Nun sage mir, was hast denn du? Ich habe Kleider und auch Schuh', und Vater und Mutter, Lust und Leben: Das hat mir der liebe Gott gegeben.

Fellchen, little skin.
Sperling, sparrow.
Schmetterling, butterfly.
Flügelein, little wings.
Kleider, clothes.
Lust, joy.
Leben, life.

19. Drache und Vögel.

Kna be: Seht ihr den gro ßen Vo gel da? Ihr klei nen kommt ihm nur nicht zu nah, daß er euch nicht et wa er tappt und zehn gleich hin un ter schnappt.

Vo gel: Ach geh mit bei nem gro ßen Tier, das ist ja gar nichts als Pa pier.

Da legt' auf ein mal sich der Wind; zur Er de

fiel der Vo gel ge schwind; die Kna ben be müh ten drum sich sehr, doch wollt' er nicht län ger flie gen mehr. Die Klei nen alle mit leich tem Sinn, die flat ter ten um ihn her und hin.

geschwind, quickly.
hinunter schnappt, swallows down.
der Wind legt sich, the wind goes down.
bemühten, troubled.
ertappt, catches.
etwa, perhaps.

20. Die schönen Drei.

1. Vög lein im hoh en Baum,
   Klein ist's, man sieht es kaum,
     Singt doch so schön,
  Daß wohl von nah und fern
  Alle die Leu te gern
     Hor chen und stehn.

2. Blümlein im Wiesengrund
Blühen so lieb und bunt,
Tausend zugleich.
Wenn ihr vorüber geht,
Wenn ihr die Farben seht,
Freuet ihr euch.

3. Wässerlein fließt so fort,
Immer von Ort zu Ort
Nieder ins Thal.
Dürstet nun Mensch und Vieh,
Kommen zum Bächlein sie,
Trinken zumal.

Wiesengrund, meadow.
bunt, many-colored.
vorübergeht, pass by.
Farben, colors.
sieht es kaum, can hardly see it.
fließt, flows.
Ort zu Ort, place to place.
dürstet, are thirsty.
zumal, all together.
freuet ihr euch, you are glad.
gern horchen und stehn, like to stand and listen.
tausend zugleich, thousand at the same time.

---

21. Fuchs und Ente.

Fuchs. Frau Ente, was schwimmst du dort auf dem Teich? Komm doch einmal her an das Ufer gleich; ich hab' dich schon lange was wollen fragen.

Ente. Herr Fuchs, ich wüßte dir nichts zu sagen. Du bist mir so schon viel zu klug, drum bleib' ich dir lieber weit genug.

Herr Fuchs, der ging am Ufer hin, und war verdrießlich in seinem Sinn. Es lüstete ihn nach

ei nem Bra ten, das hat te die En te wohl er ra ten
Heut hätt' er so ger ne schwim men kön nen; nur
mußt' er ihr doch das Le ben gön nen.

fragen, ask.
klug, smart.
verdrießlich, angry.
Sinn, mind.
    wüßte nichts zu sagen.

es lüstete ihn, he wished
erraten, guessed.
Leben, life.
gönnen, spare.
have nothing to say.

22. Die Biene.

Die Biene ist ein kleines Insekt. Sie hat sechs Füße und vier Flügel. Die Biene gibt uns den süßen Honig und das weiße und gelbe Wachs. In warmen Tagen fliegt sie von Blume zu Blume. Aus diesen saugt sie den süßen Saft. Zu Hause bringt sie den Honig in Zellen von Wachs. Die Biene hat einen Stachel. Wer ihr zu nahe kommt, den sticht sie.

Die Bienen gehorchen alle ihrer Königin. Sie sind sehr fleißig und halten auf große Ordnung. Im Winter schlafen sie.

füßen, sweet.
saugt, sucks.
Saft, juice, sap.
Zellen, cells.
Stachel, sting.
schlafen, sleep.

zu nahe kommt, comes too near.
sticht, stings.
gehorchen, obey.
Königin, queen.
halten, keep.

23. Der Blinde.

Ein ar mer, blin der Mann leb te in gro ßer Not. Da band er sein Hünd lein an ei nen Strick, und das Hünd lein führ te ihn auf si chern We gen. Er

Deutsche Fibel.   87

kam zu guten Menschen, und diese gaben ihm
Brot. Der arme Mann teilte das Brot mit
seinem Hunde. Als der Blinde starb, trauerte
das Hündlein und starb vor Kummer auf dem
Grabe seines Herrn.

Der Blinde, the blind man.   teilte, divided.
Not, need.   starb, died.
band, tied.   trauerte, was sorry.
Hündlein, little dog.   Kummer, sorrow.
sichern, safe.   Grabe, grave.
              Herrn, master.

24. An den Fuchs.

1. Fuchs, du hast die Gans gestohlen,
   Gib sie wieder her;
   Sonst soll dich der Jäger holen
   Mit dem Schießgewehr.

2. Seine große, lange Flinte
Schießt auf dich das Schrot,
Daß dich färbt die rote Tinte
Und dann bist du tot.

3. Liebes Füchslein, laß dir raten,
Sei doch ja kein Dieb;
Nimm, du brauchst nicht Gänse braten,
Mit der Maus vor lieb.

an den Fuchs, to the fox. Schrot, hail-shot.
Jäger, hunter. rote Tinte, red ink.
holen, go for. laß dir raten, take advice.
Schießgewehr, gun. nimm vorlieb, be satisfied.
Flinte, gun. brauchst nicht, need no.
schießt, shoots. Gänsebraten, roasted goose.
    du hast gestohlen, you have stolen.
    daß dich färbt, that you are dyed with.

---

25. Vom Büblein.

Steigt ein Büblein auf den Baum,
O, so hoch, man sieht es kaum!
Schlüpft von Ast zu Ästchen,
Hüpft zum Vogelnestchen.
Ei, da lacht es; hui, da kracht es!
Plumps! — da liegt es drunten!

schlüpft, slips. kracht, cracks.
lacht, laughs. plumps, plump.
hui, ho. liegt, lies.
    drunten, below.

26. Das Mückchen und das Mädchen.

Ein Mückchen flog um ein Licht, das am Abend auf dem Tische stand und brannte. Da sagte ein Mädchen, welches da saß und strickte: „Mückchen, bleib von dem Lichte, sonst verbrennst du dich!" Das Mückchen aber folgte nicht und flog so lange auf und nieder und um das Licht, bis es daran seine Flügelchen sengte und in die Flamme fiel „Habe ich es dir nicht gesagt?" sprach traurig das

90   Eclectic Series.

Mäd chen. A ber das Mück chen lag an der Flam me und starb.

 Mückchen, little fly.   sonst, else.
 Mädchen, girl.   um, around.
 flog, flew.   Flügelchen, little wings.
 stand, stood.   sengte, singed, scorched.
 strickte, was knitting.   traurig, sad.
 bleib von, keep away from. Flamme, flame.
   brannte, burned, was lighted.
   verbrennst dich, burn yourself.
   auf und nieder, up and down.

27. Die Blumen.

Wo sind all die Blu men hin?
Schla fen in der Er de drin,

Weich von Schnee ganz zu ge deckt.
Still nur, daß sie nie mand weckt!
Übers Jahr mit Son nen schein
Tritt der Früh ling still her ein,
Nimmt die Decke weg ganz sacht,
Ruft: „Ihr Kin der, nun er wacht!"
Da kom men die Köpf lein schnell her aus,
Da thun sie die hel len Au gen auf.

wohin, where to.
zugedeckt, covered.
weckt, awakes.
übers Jahr, next year.
tritt herein, steps in.
Decke, coverlet.
erwacht, wake up.
Köpflein, little heads.
thun auf, open.

---

28. Die Mutter.

1. Wer hat das Kind am lieb sten?
   Das ist sein Müt ter lein,
   Und nie mand auf der Er de
   Wird je ihm treu er sein.

2. Wenn al le mü de wer den,
   Die Mut ter wird es nie,
   Zu wa chen und zu sor gen
   Fürs Kind lein spät und früh

3. So lang dem Kind auf Er den
 Noch bleibt sein Müt ter lein,
 So lange darf sich's freu en
 Und oh ne Sor ge sein.

Niemand, nobody.
treuer, more faithful.
wachen, watch.
sorgen, care.
bleibt, remains.
darf, may.
sich freuen, rejoice.
Sorge, sorrow.
 hat am liebsten, loves most.

29. Der Bau des Hauses.

"Kommt, Knaben, wir wollen ein Haus bauen," sagte Emil zu Karl und Heinrich. "Ich will den Keller ausgraben," sprach Karl. "Und ich," sagte Emil, "bin der Maurer; ich nehme Kalk und Steine und baue die Mauern." "Du darfst aber die Thüren und Fenster nicht vergessen. Ohne Thüren kann man nicht in das Haus hinein und durch die Fenster soll Luft und Licht in die Zimmer kommen." Heinrich sagte: "Ich bin der Zimmermann; ich setze die Thüren und Fenster und lege den Fußboden. Von einem Stockwerk in das andere mache ich Treppen. Und oben auf das Haus setze ich das Dach, das schützt vor Regen und Schnee. Unser Haus soll ein Wohnhaus sein mit Küche und Zimmern und einem Boden unter dem Dach."

Kommt, come.
sagte, said.
ausgraben, dig out.
Maurer, mason.
Mauern, walls.
vergessen, forget.
Zimmer, rooms.
Zimmermann, carpenter.
Fußboden, floor.
Stockwerk, story.
Treppen, stairs.
schützt, protects.
Regen, rain.
Schnee, snow.
Wohnhaus, dwelling-house.
Boden, garret.

30. Das Vogelnest.

Das Rotkehlchen wollte ein Nestchen bauen. Es konnte lange keinen Platz dazu finden. Endlich fand es im Garten einen schönen Baum. Nun suchte es Heu und Strohhälmchen. Davon machte es ein rundes Nestchen und legte weiche Federn hinein. Bald waren auch fünf Eier darin. Die waren so groß wie Nüßchen. Die große, alte Katze saß oft unter dem Neste und schaute hinauf. Sie wartete auf die jungen Vögelein. Aber das alte Rotkehlchen war immer da und wachte über die Eier. Schon nach wenigen Wochen waren fünf Junge in dem Nest. Die Alten wärmten und fütterten sie, bis sie groß waren. Dann flogen sie fort und bauten sich selbst ein Nest.

Vogelnest, bird's nest.
Rotkehlchen, robin.
Strohhälmchen, little straws.
wachte, watched.

Wochen, weeks.
Alten, old ones.
wärmten, warmed.
fütterten, fed.

Deutsche Fibel.

31. Der Nutzen der Tiere.

Kommt, ihr Tiere, mal her an und sagt: Was habt ihr mir Gutes ge than? Der Hund spricht: Ich be wa che das Haus; die Kat ze schreit: Ich fan ge die Maus. Das Pferd chen wie hert: Ich zie he den Wa gen dir; die Kuh brummt: Milch und But ter kommt von mir. Die Zie ge mek kert: Mein Kä se schmeckt gut; das Schwein grunzt: Ich geb' dir mein Fleisch und Blut. Das Schäf chen blökt: Ich schaf fe dir Wol le und Zeug; das Gäns= lein schnat tert: Ich stop fe dein Bett chen weich. Die Hen ne gak kert: Ich brin ge dir Ei er her zu; das Täub chen girrt: Mei ne Kin der bra test du.

So, Kin der, seid ihr uns're Herrn; drum habt ihr uns lieb, wir ge ben's euch gern.

Nutzen, use.	grunzt, grunts.
Gutes, good.	schaffe, give.
gethan, done.	Zeug, cloth.
bewache, watch.	stopfe, fill, stuff.
schreit, cries.	Bettchen, little bed.
wiehert, neighs.	Henne, hen.
meckert, bleats.	gackert, cackles.
Käse, cheese.	Täubchen, little pigeon.
schmeckt, tastes.	girrt, coos.
Schwein, pig.	braten, roast.

32. Der Abend.

Der Tag geht zu En de. Die Son ne sinkt hin ter den Ber gen. Die Glok ken läu ten. Der Land mann kehrt vom Fel de zu rück. Das Lied der Vö gel ver stummt. Die Ber ge und die Wol ken er glänzen von den letzten Strahlen der Sonne. Auf das Gras fällt der Tau. Die Blumen schließen sich. Immer stiller wird es im Walde und auf dem Feld. Bald gehen auch wir zur Ruhe.

Abend, evening.
geht zu Ende, is closing.
sinkt, sets.
hinter, behind.
Bergen, mountains.
Glocken, bells
läuten, ring.
kehrt zurück, returns.
verstummt, ceases.
Wolken, clouds.
Strahlen, rays.
fällt, falls.
Tau, dew.
schließen sich, close.
stiller, more quiet.
bald, soon.
gehen, go.
Ruhe, rest.
Lied der Vögel, song of the birds.
erglänzen von, are bright with.

Alphabete.

a	b	c	d	e	f	g
a	b	c	d	e	f	g
h	i	j	k	l	m	n
h	i	j	k	l	m	n
o	p	q	r	s	t	u
o	p	q	r	s	t	u
v	w	x	y	z	tz	sz
v	w	x	y	z	tz	sz
ä	ö	ü	au	äu	ai	
ae	oe	ue	au	aeu	ai	
ei	eu	ch	sch	st	qu	
ei	eu	ch	sch	st	qu